Spanish Reading Comprehension Texts: Beginners - Book Two

Spanish Reading Comprehension Texts for Beginners

Mikkelsen Dubois

Published by Mikkelsen Dubois, 2023.

While every precaution has been taken in the preparation of this book, the publisher assumes no responsibility for errors or omissions, or for damages resulting from the use of the information contained herein.

SPANISH READING COMPREHENSION TEXTS: BEGINNERS - BOOK TWO

First edition. May 6, 2023.

Copyright © 2023 Mikkelsen Dubois.

ISBN: 979-8223766469

Written by Mikkelsen Dubois.

Table of Contents

How to Use This Spanish Reading Comprehension Book

Step 1: Choose the Right Text Level

The first step in doing a Spanish reading comprehension exercise is to choose the right text level. The text should be appropriate for the learner's level and interests. For beginners, texts with simpler vocabulary and shorter sentences are ideal. For more advanced learners, more complex texts can be used. Mikkelsen Dubois offers Spanish Reading Comprehension Texts in different levels - beginner, intermediate and advanced, as well as First Steps for new language learners. It's also important to choose a text that is interesting to the learner. This can help to keep them engaged and motivated, which is crucial for language learning success. Texts on topics like history, culture, and current events can be particularly engaging for learners. Every Mikkelsen Dubois Reading Comprehension Book contains texts on a variety of different topics.

Step 2: Read the Text

Once a suitable text has been chosen, the learner should read it carefully. They should focus on understanding the meaning of the text and how the words and phrases are used in sentences. It's also important to pay attention to the structure of the sentences and the use of grammar. When reading the text, learners should try to read as much as they can without stopping to look up words in a dictionary. This can help to improve their overall comprehension skills and develop their ability to understand the text in context.

Step 3: Analyze the Text

After reading the text, the learner should analyze it to deepen their understanding. This involves paying attention to the structure of the sentences, the use of grammar, and the context in which words are used. Learners can ask themselves questions about the text to help them analyze it more deeply.

For example, they could ask themselves:

What is the main idea of the text?

What is the purpose of the text?

What is the tone of the text?

What new words or phrases have I learned from the text?

What new grammar structures have I learned from the text?

By analyzing the text in this way, learners can develop a more comprehensive understanding of the text and improve their comprehension skills. Making a note of new vocabulary, grammar and sentence structure will help the learner in this analysis and support the learning process.

Step 4: Answer the Questions

The next step in doing a Spanish reading comprehension exercise is to answer the questions. In every Mikkelsen Dubois Spanish Comprehension Book, questions are provided with the text. These questions are designed to test the learner's understanding of the text and their ability to apply their knowledge of Spanish vocabulary and grammar. Learners should answer the questions as thoroughly and accurately as possible, using their knowledge of Spanish vocabulary and grammar.

Step 5: Check Answers

After answering the questions, the learner should check their answers. This involves reviewing their responses and ensuring that they are accurate and complete. If the learner has made mistakes, they should try to identify the areas where they need to improve their understanding. This could involve reviewing specific vocabulary or grammar structures or practicing their comprehension skills with more texts.

Step 6: Review and Practice

The final step in doing a Spanish reading comprehension exercise is to review and practice. This involves reviewing the text and the questions and identifying areas for improvement. Learners should use the reading comprehension exercise as a learning tool to improve their comprehension skills and develop their knowledge of Spanish vocabulary and grammar. By regularly practicing with different types of texts and using strategies like taking notes, analyzing the text, and asking questions, learners can improve their comprehension skills more quickly.

Text One

───

Read the following Spanish comprehension text carefully.

Then answer the questions using the information provided in the text.

Try to answer in full sentences and pay attention to your spelling and grammar.

Once you have answered all the questions, check your answers with the suggested answers.

<u>Mi casa y mi familia</u>

Hola, me llamo Sofía y tengo 8 años. Vivo en una casa con mi familia en la ciudad de Madrid. Mi casa es grande y tiene dos plantas. En la planta baja está la sala, el comedor, la cocina, un baño y el jardín. En la planta de arriba están las habitaciones y otro baño. Mi habitación es rosa y tengo muchos juguetes.

Mi familia está formada por mi mamá, mi papá y mi hermano menor. Mi mamá es profesora y mi papá trabaja en una oficina. Mi hermano se llama Lucas y tiene 5 años, le gusta jugar al fútbol y ver dibujos animados.

Questions

1. ¿Cómo se llama la niña?
2. ¿Dónde vive Sofía?
3. ¿Qué hay en la planta baja de su casa?
4. ¿Quiénes son los miembros de su familia?
5. ¿Qué le gusta hacer a Lucas?

Answers

1. La niña se llama Sofía.
2. Sofía vive en la ciudad de Madrid.
3. En la planta baja de su casa está la sala, el comedor, la cocina, un baño y el jardín.
4. Los miembros de su familia son su mamá, su papá y su hermano menor.
5. A Lucas le gusta jugar al fútbol y ver dibujos animados.

Text Two

Read the following Spanish comprehension text carefully.

Then answer the questions using the information provided in the text.

Try to answer in full sentences and pay attention to your spelling and grammar.

Once you have answered all the questions, check your answers with the suggested answers.

<u>Pan de muerto, una tradición mexicana</u>

El pan de muerto es un pan dulce que se consume en México durante la celebración del Día de Muertos. Esta festividad se lleva a cabo el 1 y 2 de noviembre y se cree que en esos días los difuntos regresan al mundo de los vivos para convivir con sus familiares y amigos.

El pan de muerto se distingue por su forma redonda, que representa el cráneo del difunto, y por las tiras de masa que simulan los huesos. Además, se le suele poner un poco de azúcar encima y se puede rellenar con anís.

En México, se acostumbra a visitar los cementerios y llevar ofrendas para los difuntos, entre las que no puede faltar el pan de muerto. Se considera que al compartir esta comida con los muertos, se les rinde homenaje y se fortalece el vínculo entre los vivos y los difuntos.

Questions

1. ¿Qué es el pan de muerto?
2. ¿En qué festividad se consume este pan?
3. ¿Qué representa la forma del pan de muerto?
4. ¿Qué se le suele poner encima del pan de muerto?
5. ¿Por qué se acostumbra llevar pan de muerto a los cementerios?

Answers

1. El pan de muerto es un pan dulce que se consume en México durante el Día de Muertos.
2. Este pan se consume durante la celebración del Día de Muertos, que se lleva a cabo el 1 y 2 de noviembre.
3. La forma redonda del pan de muerto representa el cráneo del difunto y las tiras de masa simulan los huesos.
4. Se le suele poner un poco de azúcar encima.
5. Se acostumbra llevar pan de muerto a los cementerios para compartirlo con los difuntos y rendirles homenaje.

Text Three

Read the following Spanish comprehension text carefully.

Then answer the questions using the information provided in the text.

Try to answer in full sentences and pay attention to your spelling and grammar.

Once you have answered all the questions, check your answers with the suggested answers.

<u>Mi día en el parque de diversiones</u>

¡Hola! Me llamo Martín y hoy fui al parque de diversiones con mi familia. Fue un día muy divertido.

Primero fuimos a una montaña rusa que tenía muchos loops y giros. Me dio un poco de miedo, pero al final me encantó. Después, fuimos a un juego de agua y nos empapamos mucho. Fue refrescante porque hacía mucho calor.

Luego, fuimos a jugar en un laberinto gigante, donde tuvimos que buscar la salida. Fue muy divertido porque nos perdimos un par de veces. Después, fuimos a comer unos hot dogs y unas papas fritas.

Finalmente, fuimos a jugar a un juego de disparos en el que teníamos que acertarle a unos blancos móviles. Fue un poco difícil, pero al final todos ganamos un premio.

Questions

1. ¿Cómo se llama el niño?
2. ¿Con quién fue Martín al parque de diversiones?
3. ¿Qué comieron en el parque?

Answers

1. El niño se llama Martín.
2. Martín fue al parque de diversiones con su familia.
3. Comieron hot dogs y papas fritas.

Text Four

Read the following Spanish comprehension text carefully.

Then answer the questions using the information provided in the text.

Try to answer in full sentences and pay attention to your spelling and grammar.

Once you have answered all the questions, check your answers with the suggested answers.

<u>Popocatépetl, el volcán activo de México</u>

Popocatépetl es un volcán activo ubicado en el centro de México, en los estados de Puebla, Morelos y México. Tiene una altura de 5.426 metros sobre el nivel del mar y es el segundo volcán más alto del país.

Desde hace varios años, Popocatépetl ha presentado actividad volcánica, por lo que se ha declarado una zona de exclusión de 12 kilómetros alrededor del cráter. Se han registrado erupciones y expulsiones de ceniza, lo que ha generado preocupación en la población cercana.

Questions

1. ¿Dónde está ubicado el volcán Popocatépetl?
2. ¿Cuál es la altura de este volcán?
3. ¿Por qué se ha declarado una zona de exclusión alrededor del cráter?

Answers

1. El volcán Popocatépetl está ubicado en el centro de México, en los estados de Puebla, Morelos y México.
2. Tiene una altura de 5.426 metros sobre el nivel del mar.
3. Se ha declarado una zona de exclusión alrededor del cráter debido a la actividad volcánica.

Text Five

Read the following Spanish comprehension text carefully.

Then answer the questions using the information provided in the text.

Try to answer in full sentences and pay attention to your spelling and grammar.

Once you have answered all the questions, check your answers with the suggested answers.

<u>Mi día típico</u>

Hola, me llamo Ana y hoy quiero contarte sobre mi día típico. Me despierto temprano a las seis de la mañana. Primero, me levanto y me visto. Luego, me cepillo los dientes y me lavo la cara. Después, preparo el desayuno. Normalmente como pan tostado con mantequilla y mermelada y bebo jugo de naranja.

A las siete, salgo de casa y camino hasta la parada del autobús. Tomo el autobús hasta la universidad donde estudio ciencias económicas. Mis clases empiezan a las ocho y media de la mañana y terminan a las tres de la tarde.

Después de las clases, almuerzo en la cafetería de la universidad. Me gusta comer una ensalada y beber agua. Luego, estudio en la biblioteca o trabajo en un proyecto de grupo con mis compañeros de clase.

A las seis de la tarde, regreso a casa. Me gusta ver televisión y descansar un rato. Luego, ceno algo ligero, como una sopa o una ensalada, y me ducho. Finalmente, me acuesto a las diez de la noche para dormir.

Questions

1. ¿A qué hora se despierta Ana?
2. ¿Qué desayuna Ana?
3. ¿Qué estudia Ana?
4. ¿Qué come Ana en la cafetería de la universidad?
5. ¿A qué hora regresa Ana a casa?

Answers

1. Ana se despierta a las seis de la mañana.
2. Ana desayuna pan tostado con mantequilla y mermelada y bebe jugo de naranja.
3. Ana estudia ciencias económicas.
4. Ana come una ensalada y bebe agua en la cafetería de la universidad.
5. Ana regresa a casa a las seis de la tarde.

Text Six

Read the following Spanish comprehension text carefully.

Then answer the questions using the information provided in the text.

Try to answer in full sentences and pay attention to your spelling and grammar.

Once you have answered all the questions, check your answers with the suggested answers.

<u>La Tomatina - Una fiesta divertida en España</u>

La Tomatina es una fiesta muy popular que se celebra cada año en el pueblo de Buñol, en España. La fiesta se celebra el último miércoles de agosto y dura una hora. Durante esta hora, la gente se lanza tomates maduros unos a otros.

La fiesta comenzó en los años 40, cuando algunos jóvenes decidieron jugar con tomates en el pueblo. Con el tiempo, la tradición se ha convertido en una fiesta muy conocida y ahora vienen personas de todo el mundo para participar en ella.

Antes de que comience la Tomatina, hay una ceremonia en la que se cuelga un jamón en lo alto de un poste y la gente intenta escalar para conseguirlo. Una vez que el jamón es conseguido, comienza la guerra de tomates.

Es importante llevar ropa vieja para la Tomatina, ya que la ropa puede resultar muy manchada de tomate. También es importante llevar gafas de protección para los ojos y no llevar objetos afilados.

Questions

1. ¿Dónde se celebra La Tomatina?
2. ¿Qué hacen las personas durante La Tomatina?
3. ¿Cómo comenzó la tradición de La Tomatina?
4. ¿Qué sucede en la ceremonia antes de La Tomatina?
5. ¿Qué es importante llevar durante La Tomatina?

Answers

1. La Tomatina se celebra en el pueblo de Buñol, en España.
2. Durante La Tomatina, las personas se lanzan tomates maduros unos a otros.
3. La tradición de La Tomatina comenzó en los años 40 cuando algunos jóvenes comenzaron a jugar con tomates en el pueblo.
4. Antes de La Tomatina, hay una ceremonia en la que se cuelga un jamón en lo alto de un poste y la gente intenta escalar para conseguirlo.
5. Es importante llevar ropa vieja y gafas de protección para los ojos durante La Tomatina. No se deben llevar objetos afilados.

Text Seven

Read the following Spanish comprehension text carefully.

Then answer the questions using the information provided in the text.

Try to answer in full sentences and pay attention to your spelling and grammar.

Once you have answered all the questions, check your answers with the suggested answers.

<u>Los tamales, una deliciosa comida tradicional</u>

Los tamales son una comida tradicional en muchos países de Latinoamérica. Consisten en una masa de maíz rellena de carne, pollo, verduras o frijoles, y se envuelven en hojas de maíz o de plátano para cocinarlos al vapor.

Los tamales tienen una gran importancia cultural y social en muchos países latinoamericanos, y se preparan en ocasiones especiales como bodas, bautizos y celebraciones religiosas.

Para preparar los tamales se requiere tiempo y paciencia, pero el resultado final es una deliciosa comida que puede disfrutarse en cualquier momento del día. Los tamales se pueden acompañar con salsa, aguacate o crema, y se pueden servir tanto como plato principal como aperitivo.

Questions

1. ¿Qué son los tamales?
2. ¿De qué se rellenan los tamales?
3. ¿Cómo se cocinan los tamales?
4. ¿En qué ocasiones se preparan los tamales?
5. ¿Con qué se pueden acompañar los tamales?

Answers

1. Los tamales son una comida tradicional en muchos países de Latinoamérica.
2. Los tamales se rellenan de carne, pollo, verduras o frijoles.
3. Los tamales se cocinan al vapor, envueltos en hojas de maíz o de plátano.
4. Los tamales se preparan en ocasiones especiales como bodas, bautizos y celebraciones religiosas.
5. Los tamales se pueden acompañar con salsa, aguacate o crema.

Text Eight

Read the following Spanish comprehension text carefully.

Then answer the questions using the information provided in the text.

Try to answer in full sentences and pay attention to your spelling and grammar.

Once you have answered all the questions, check your answers with the suggested answers.

<u>Festival de Cosquín</u>

El Festival Nacional de Folklore de Cosquín es un evento anual que se celebra en la ciudad de Cosquín, en la provincia de Córdoba, Argentina. El festival tiene una larga historia y es uno de los eventos más importantes de la música folklórica argentina.

El festival dura diez días y presenta una amplia variedad de artistas de todo el país. Los espectáculos incluyen música folklórica, danzas tradicionales y poesía. También hay una competición de talentos donde artistas emergentes pueden mostrar su talento.

El festival atrae a personas de todo el mundo y es una oportunidad para experimentar la cultura argentina de primera mano. Los visitantes pueden probar la deliciosa comida y bebida local y comprar artesanías tradicionales.

Questions

1. ¿Dónde se celebra el Festival de Cosquín?
2. ¿Cuál es la duración del festival?
3. ¿Qué tipo de artistas se presentan en el festival?

Answers

1. El Festival de Cosquín se celebra en la ciudad de Cosquín, en la provincia de Córdoba, Argentina.
2. El festival dura diez días.
3. El festival presenta una amplia variedad de artistas de todo el país, incluyendo música folklórica, danzas tradicionales y poesía.

Text Nine

Read the following Spanish comprehension text carefully.

Then answer the questions using the information provided in the text.

Try to answer in full sentences and pay attention to your spelling and grammar.

Once you have answered all the questions, check your answers with the suggested answers.

<u>Alfajores - Un dulce típico de Latinoamérica</u>

Los alfajores son un dulce típico de Latinoamérica que se puede encontrar en muchos países, como Argentina, Perú, Chile y Uruguay. Los alfajores consisten en dos galletas redondas y suaves, con un relleno dulce en el medio, como dulce de leche, chocolate o mermelada.

Hay muchas variedades de alfajores, algunos se cubren con chocolate, azúcar en polvo o coco rallado. Los alfajores son un postre muy popular y se pueden encontrar en las panaderías y pastelerías de toda Latinoamérica.

Questions

1. ¿Qué son los alfajores?
2. ¿En qué países de Latinoamérica se pueden encontrar alfajores?
3. ¿Cómo están hechos los alfajores?
4. ¿Hay diferentes variedades de alfajores?

Answers

1. Los alfajores son un dulce típico de Latinoamérica.
2. Los alfajores se pueden encontrar en muchos países de Latinoamérica, como Argentina, Perú, Chile y Uruguay.
3. Los alfajores consisten en dos galletas redondas y suaves, con un relleno dulce en el medio, como dulce de leche, chocolate o mermelada.
4. Sí, hay muchas variedades de alfajores que se cubren con chocolate, azúcar en polvo o coco rallado.

Text Ten

Read the following Spanish comprehension text carefully.

Then answer the questions using the information provided in the text.

Try to answer in full sentences and pay attention to your spelling and grammar.

Once you have answered all the questions, check your answers with the suggested answers.

<u>La quinceañera</u>

La quinceañera es una celebración importante en la cultura latina, que marca la transición de una niña a una mujer joven. Se celebra cuando la joven cumple 15 años y se lleva a cabo una ceremonia religiosa en la que se presenta a la joven ante la comunidad.

Durante la celebración, la quinceañera lleva un vestido largo y elegante, y se llevan a cabo bailes y actividades especiales. La fiesta puede durar varias horas y suele incluir música, comida y bebida.

La celebración de la quinceañera es una tradición muy arraigada en la cultura latina y se celebra en muchos países de Latinoamérica y en comunidades latinas en todo el mundo.

Questions

1. ¿Qué es la quinceañera?
2. ¿En qué momento se celebra la quinceañera?
3. ¿Qué se lleva a cabo durante la ceremonia religiosa de la quinceañera?
4. ¿Cómo se viste la quinceañera durante la celebración?
5. ¿Qué incluye la celebración de la quinceañera?

Answers

1. La quinceañera es una celebración importante en la cultura latina que marca la transición de una niña a una mujer joven.
2. La quinceañera se celebra cuando la joven cumple 15 años.
3. Durante la ceremonia religiosa de la quinceañera se presenta a la joven ante la comunidad.
4. La quinceañera lleva un vestido largo y elegante durante la celebración.
5. La celebración de la quinceañera incluye música, comida y bebida, y se llevan a cabo bailes y actividades especiales.

Text Eleven

Read the following Spanish comprehension text carefully.

Then answer the questions using the information provided in the text.

Try to answer in full sentences and pay attention to your spelling and grammar.

Once you have answered all the questions, check your answers with the suggested answers.

<u>Inti Raymi - La fiesta del sol en Perú</u>

Inti Raymi es una celebración importante que se lleva a cabo cada año en Perú. Esta fiesta del sol tiene lugar en Cusco, la antigua capital del Imperio Inca. La fecha de Inti Raymi coincide con el solsticio de invierno en el hemisferio sur, el día más corto del año. Durante esta celebración, los lugareños se visten con trajes tradicionales y realizan danzas y ceremonias en honor al sol.

Los orígenes de Inti Raymi se remontan a la época de los incas, quienes veneraban al sol como una deidad importante. La fiesta fue prohibida por los colonizadores españoles en el siglo XVI, pero fue revivida en la década de 1940 y se ha convertido en un evento importante en la cultura peruana.

Questions

1. ¿Qué es Inti Raymi?
2. ¿Dónde tiene lugar Inti Raymi?
3. ¿Qué día se celebra Inti Raymi?
4. ¿Qué hacen los lugareños durante Inti Raymi?

Answers

1. Inti Raymi es una celebración en Perú que honra al sol.
2. Inti Raymi tiene lugar en Cusco, la antigua capital del Imperio Inca.
3. Inti Raymi se celebra durante el solsticio de invierno en el hemisferio sur.
4. Los lugareños se visten con trajes tradicionales y realizan danzas y ceremonias durante Inti Raymi.

Text Twelve

Read the following Spanish comprehension text carefully.

Then answer the questions using the information provided in the text.

Try to answer in full sentences and pay attention to your spelling and grammar.

Once you have answered all the questions, check your answers with the suggested answers.

<u>Bandeja paisa, un plato típico y tradicional de Colombia</u>

La bandeja paisa es uno de los platos más populares y emblemáticos de la cocina colombiana. Originaria de la región de Antioquia, la bandeja paisa es una comida muy completa que incluye arroz, frijoles, carne molida, chicharrón, chorizo, aguacate, plátano maduro, huevo frito y arepa.

La preparación de la bandeja paisa requiere tiempo y habilidad, ya que cada uno de los ingredientes debe cocinarse por separado para luego servirse en una bandeja grande. La bandeja paisa es un plato abundante y contundente que puede satisfacer el apetito de varias personas.

La bandeja paisa es un plato que refleja la riqueza culinaria y cultural de Colombia, y se ha convertido en un símbolo de la identidad nacional.

Questions

1. ¿Qué es la bandeja paisa?
2. ¿De dónde es originaria la bandeja paisa?
3. ¿Qué ingredientes incluye la bandeja paisa?
4. ¿Qué representa la bandeja paisa en la cultura colombiana?

Answers

1. La bandeja paisa es un plato típico y tradicional de Colombia.
2. La bandeja paisa es originaria de la región de Antioquia.
3. La bandeja paisa incluye arroz, frijoles, carne molida, chicharrón, chorizo, aguacate, plátano maduro, huevo frito y arepa.
4. La bandeja paisa es un plato que refleja la riqueza culinaria y cultural de Colombia, y se ha convertido en un símbolo de la identidad nacional.

Text Thirteen

Read the following Spanish comprehension text carefully.

Then answer the questions using the information provided in the text.

Try to answer in full sentences and pay attention to your spelling and grammar.

Once you have answered all the questions, check your answers with the suggested answers.

<u>Los Reyes Magos y la celebración del Día de Reyes</u>

El Día de Reyes es una de las celebraciones más importantes de la cultura hispana. Se celebra el 6 de enero y conmemora la llegada de los Reyes Magos a Belén para adorar al niño Jesús.

Según la tradición, los Reyes Magos Melchor, Gaspar y Baltasar llegaron en camellos cargados de regalos y le llevaron al niño Jesús oro, incienso y mirra. Para celebrar su llegada, muchas familias hispanas intercambian regalos y preparan una rosca de reyes, que es un pan dulce con forma circular y decorado con frutas cristalizadas.

En algunos países, como España y México, se realizan desfiles y cabalgatas en los que los Reyes Magos reparten caramelos y juguetes a los niños.

Questions

1. ¿Qué se celebra el 6 de enero en la cultura hispana?
2. ¿Qué conmemora el Día de Reyes?
3. ¿Quiénes son los Reyes Magos?
4. ¿Qué regalos llevaron los Reyes Magos al niño Jesús?
5. ¿Qué es una rosca de reyes?

Answers

1. Se celebra el Día de Reyes.
2. El Día de Reyes conmemora la llegada de los Reyes Magos a Belén para adorar al niño Jesús.
3. Los Reyes Magos son Melchor, Gaspar y Baltasar.
4. Los Reyes Magos le llevaron al niño Jesús oro, incienso y mirra.
5. La rosca de reyes es un pan dulce con forma circular y decorado con frutas cristalizadas.

Text Fourteen

Read the following Spanish comprehension text carefully.

Then answer the questions using the information provided in the text.

Try to answer in full sentences and pay attention to your spelling and grammar.

Once you have answered all the questions, check your answers with the suggested answers.

<u>El tapir, un animal misterioso de la selva</u>

El tapir es un animal herbívoro que vive en la selva y que tiene una apariencia similar a la de un cerdo, pero con una nariz larga y flexible que le ayuda a buscar comida. Los tapir son animales solitarios y tímidos, y a menudo se pueden encontrar en zonas cercanas al agua.

Estos animales son muy importantes para el equilibrio de los ecosistemas de la selva, ya que ayudan a mantener el suelo fértil y a dispersar las semillas de las plantas que comen. Sin embargo, el tapir está en peligro de extinción debido a la pérdida de su hábitat natural y la caza furtiva.

Questions

1. ¿Qué es un tapir?
2. ¿Cómo es la apariencia del tapir?
3. ¿Dónde se pueden encontrar los tapir?
4. ¿Por qué el tapir está en peligro de extinción?

Answers

1. El tapir es un animal herbívoro que vive en la selva.
2. El tapir tiene una apariencia similar a la de un cerdo, pero con una nariz larga y flexible.
3. Los tapir se pueden encontrar en zonas cercanas al agua en la selva.
4. El tapir está en peligro de extinción debido a la pérdida de su hábitat natural y la caza furtiva.

Text Fifteen

Read the following Spanish comprehension text carefully.

Then answer the questions using the information provided in the text.

Try to answer in full sentences and pay attention to your spelling and grammar.

Once you have answered all the questions, check your answers with the suggested answers.

<u>El clima en Barcelona mañana</u>

Mañana en Barcelona se espera un día soleado con una temperatura máxima de 23 grados Celsius y una mínima de 16 grados Celsius. El cielo estará mayormente despejado, con algunas nubes dispersas en la tarde. La humedad será relativamente alta, alrededor del 70%, y no se esperan lluvias.

Questions

1. ¿Cómo será el clima en Barcelona mañana?
2. ¿Cuál será la temperatura máxima y mínima en Barcelona mañana?
3. ¿Cómo estará el cielo en Barcelona mañana?
4. ¿Qué porcentaje de humedad se espera en Barcelona mañana?
5. ¿Se esperan lluvias en Barcelona mañana?

Answers

1. Mañana en Barcelona se espera un día soleado.
2. La temperatura máxima será de 23 grados Celsius y la mínima de 16 grados Celsius.
3. El cielo estará mayormente despejado con algunas nubes dispersas en la tarde.
4. Se espera una humedad del 70% en Barcelona mañana.
5. No se esperan lluvias en Barcelona mañana.

Text Sixteen

Read the following Spanish comprehension text carefully.

Then answer the questions using the information provided in the text.

Try to answer in full sentences and pay attention to your spelling and grammar.

Once you have answered all the questions, check your answers with the suggested answers.

<u>Día de las Glorias Navales - Celebrando la historia naval de Chile</u>

El Día de las Glorias Navales es una fiesta nacional que se celebra en Chile el 21 de mayo. Esta fecha conmemora la gesta heroica de la Armada de Chile en el Combate Naval de Iquique en 1879, durante la Guerra del Pacífico.

Durante este día, se realizan diversas actividades para honrar a los héroes navales chilenos y recordar la importancia de la Armada en la historia del país. Uno de los eventos más destacados es la tradicional Parada Naval en Valparaíso, donde se exhiben buques de guerra y se realiza una ceremonia en honor a los marinos caídos en combate.

Además, en todo el país se realizan desfiles, ceremonias y actividades cívicas en honor a los héroes navales y a la Armada de Chile.

Questions

1. ¿Qué se celebra en el Día de las Glorias Navales?
2. ¿Cuál es uno de los eventos más destacados durante el Día de las Glorias
    Navales?
3. ¿Qué otras actividades se realizan en todo el país durante esta festividad?

Answers

1. En el Día de las Glorias Navales se celebra la gesta heroica de la Armada
    de Chile en el Combate Naval de Iquique.
2. Uno de los eventos más destacados durante el Día de las Glorias Navales
    es la tradicional Parada Naval en Valparaíso.
3. En todo el país se realizan desfiles, ceremonias y actividades cívicas en
    honor a los héroes navales y a la Armada de Chile.

Text Seventeen

Read the following Spanish comprehension text carefully.

Then answer the questions using the information provided in the text.

Try to answer in full sentences and pay attention to your spelling and grammar.

Once you have answered all the questions, check your answers with the suggested answers.

<u>La obra de Gaudí</u>

Antoni Gaudí fue un famoso arquitecto español conocido por su estilo único y extravagante. Sus obras más famosas se encuentran en Barcelona, como la Sagrada Familia, el Parque Güell, y la Casa Batlló.

Gaudí se inspiró en la naturaleza y la religión para crear sus obras. La Sagrada Familia, por ejemplo, es una iglesia inacabada que tiene una fachada impresionante llena de detalles religiosos y esculturas de animales y plantas. El Parque Güell es un parque público lleno de mosaicos y esculturas de formas orgánicas que parecen haber sido creadas por la naturaleza.

Gaudí murió trágicamente en un accidente de tranvía en 1926, pero sus obras maestras continúan inspirando a arquitectos y visitantes de todo el mundo.

Questions

1. ¿Quién fue Antoni Gaudí?
2. ¿Cuáles son algunas de sus obras más famosas?
3. ¿En qué se inspiró Gaudí para crear sus obras?

Answers

1. Antoni Gaudí fue un arquitecto español famoso por su estilo extravagante.
2. Algunas de sus obras más famosas son la Sagrada Familia, el Parque Güell, y la Casa Batlló.
3. Gaudí se inspiró en la naturaleza y la religión para crear sus obras.

Text Eighteen

Read the following Spanish comprehension text carefully.

Then answer the questions using the information provided in the text.

Try to answer in full sentences and pay attention to your spelling and grammar.

Once you have answered all the questions, check your answers with the suggested answers.

<u>Contaminación del aire</u>

La contaminación del aire es uno de los mayores problemas ambientales que enfrentamos en la actualidad. Se refiere a la presencia en el aire de sustancias que pueden ser dañinas para la salud humana y el medio ambiente. Estas sustancias incluyen gases tóxicos, partículas, humo y otros contaminantes.

Las causas de la contaminación del aire son variadas e incluyen la quema de combustibles fósiles, la emisión de gases tóxicos por parte de las industrias y el tráfico vehicular. La exposición prolongada a la contaminación del aire puede causar problemas respiratorios, enfermedades cardíacas, cáncer y otros problemas de salud.

Además, la contaminación del aire también tiene consecuencias en el medio ambiente, como el cambio climático, la acidificación del suelo y del agua, y la disminución de la calidad del aire.

Questions

1. ¿Qué es la contaminación del aire?
2. ¿Cuáles son algunas de las sustancias que pueden ser dañinas para la salud humana y el medio ambiente?
3. ¿Cuáles son algunas de las causas de la contaminación del aire?
4. ¿Qué problemas de salud puede causar la exposición prolongada a la contaminación del aire?

Answers

1. La contaminación del aire se refiere a la presencia en el aire de sustancias que pueden ser dañinas para la salud humana y el medio ambiente.
2. Algunas de las sustancias que pueden ser dañinas son gases tóxicos, partículas, humo y otros contaminantes.
3. Las causas de la contaminación del aire incluyen la quema de combustibles fósiles, la emisión de gases tóxicos por parte de las industrias y el tráfico vehicular.
4. La exposición prolongada a la contaminación del aire puede causar problemas respiratorios, enfermedades cardíacas, cáncer y otros problemas de salud.

Text Nineteen

————

Read the following Spanish comprehension text carefully.

Then answer the questions using the information provided in the text.

Try to answer in full sentences and pay attention to your spelling and grammar.

Once you have answered all the questions, check your answers with the suggested answers.

<u>La vida y obra de Cervantes</u>

Miguel de Cervantes fue un escritor español del siglo XVI conocido por su obra maestra, Don Quijote de la Mancha. Cervantes nació en Alcalá de Henares, España, en 1547 y pasó gran parte de su vida viajando y trabajando en diferentes empleos.

Además de su obra literaria, Cervantes también trabajó como soldado y fue capturado y esclavizado por los piratas. A pesar de su difícil vida, Cervantes es recordado como uno de los escritores más importantes de la historia española.

Questions

1. ¿Quién fue Miguel de Cervantes?
2. ¿Cuál es su obra más famosa?
3. ¿Qué otras actividades realizó Cervantes en su vida?

Answers

1. Miguel de Cervantes fue un escritor español del siglo XVI.
2. Su obra más famosa es Don Quijote de la Mancha.
3. Además de su obra literaria, Cervantes trabajó como soldado y fue capturado y esclavizado por los piratas.

Text Twenty

Read the following Spanish comprehension text carefully.

Then answer the questions using the information provided in the text.

Try to answer in full sentences and pay attention to your spelling and grammar.

Once you have answered all the questions, check your answers with the suggested answers.

<u>El español en el mundo: una lengua global y diversa</u>

El español es una de las lenguas más habladas en el mundo y su importancia no deja de crecer. Es la segunda lengua materna más hablada en el mundo, después del chino mandarín, y la tercera lengua más hablada en el mundo después del chino mandarín e inglés. Es la lengua oficial en 21 países y tiene más de 500 millones de hablantes en todo el mundo.

Además, el español es una lengua rica y diversa, con muchas variedades regionales y culturales. El español que se habla en España es diferente del español que se habla en América Latina, y dentro de cada país hay variaciones regionales en la pronunciación, vocabulario y gramática.

El español es una lengua de gran importancia en el mundo y su diversidad lo hace aún más interesante y enriquecedor.

Questions

1. ¿Cuántos hablantes tiene el español en el mundo?
2. ¿Cuántos países tienen el español como lengua oficial?
3. ¿Cómo varía el español en diferentes regiones?

Answers

1. El español tiene más de 500 millones de hablantes en todo el mundo.
2. El español es la lengua oficial en 21 países.
3. El español varía en la pronunciación, vocabulario y gramática en diferentes regiones.

Text Twenty One

Read the following Spanish comprehension text carefully.

Then answer the questions using the information provided in the text.

Try to answer in full sentences and pay attention to your spelling and grammar.

Once you have answered all the questions, check your answers with the suggested answers.

<u>Guatemala: Un país lleno de cultura y naturaleza</u>

Guatemala es un país ubicado en Centroamérica, limitando al norte y oeste con México, al este con Belice y Honduras, al sureste con El Salvador y al sur con el Océano Pacífico. La capital de Guatemala es la Ciudad de Guatemala y el idioma oficial es el español.

Guatemala es conocida por su rica cultura maya y su hermosa naturaleza. Algunos de los lugares más visitados son el lago Atitlán, rodeado de volcanes y pueblos indígenas; las ruinas de Tikal, una antigua ciudad maya que data del siglo VI a.C.; y la ciudad colonial de Antigua Guatemala, declarada Patrimonio de la Humanidad por la UNESCO.

Questions

1. ¿Dónde se encuentra Guatemala?
2. ¿Cuál es la capital de Guatemala?
3. ¿Cuál es el idioma oficial de Guatemala?
4. ¿Qué lugares turísticos son populares en Guatemala?

Answers

1. Guatemala se encuentra en Centroamérica.
2. La capital de Guatemala es la Ciudad de Guatemala.
3. El idioma oficial de Guatemala es el español.
4. Algunos de los lugares turísticos más populares en Guatemala son el lago Atitlán, las ruinas de Tikal y la ciudad colonial de Antigua Guatemala.

Text Twenty Two

Read the following Spanish comprehension text carefully.

Then answer the questions using the information provided in the text.

Try to answer in full sentences and pay attention to your spelling and grammar.

Once you have answered all the questions, check your answers with the suggested answers.

<u>El clima de ayer en Managua</u>

Ayer en Managua, la capital de Nicaragua, el clima fue mayormente nublado con algunas lluvias dispersas durante todo el día. La temperatura máxima alcanzó los 27 grados Celsius y la mínima fue de 22 grados Celsius durante la noche. La humedad relativa se mantuvo en un promedio del 80%.

Questions

1. ¿Cómo fue el clima ayer en Managua?
2. ¿Cuál fue la temperatura máxima alcanzada ayer?
3. ¿Cuál fue la temperatura mínima ayer en Managua?
4. ¿Cuál fue el promedio de humedad relativa ayer en Managua?

Answers

1. Ayer en Managua el clima fue mayormente nublado con algunas lluvias dispersas.
2. La temperatura máxima alcanzada ayer en Managua fue de 27 grados Celsius.
3. La temperatura mínima ayer en Managua fue de 22 grados Celsius durante la noche.
4. El promedio de humedad relativa ayer en Managua fue del 80%.

Text Twenty Three

Read the following Spanish comprehension text carefully.

Then answer the questions using the information provided in the text.

Try to answer in full sentences and pay attention to your spelling and grammar.

Once you have answered all the questions, check your answers with the suggested answers.

<u>Silvina Ocampo - Una escritora argentina de la vanguardia literaria</u>

Silvina Ocampo fue una escritora argentina nacida en Buenos Aires en 1903. Es considerada una de las figuras más importantes de la vanguardia literaria argentina del siglo XX. Junto con su esposo, Adolfo Bioy Casares, y su amigo Jorge Luis Borges, Ocampo fundó la revista literaria Sur, que se convirtió en una plataforma para escritores y artistas experimentales.

La obra de Ocampo se caracteriza por la exploración de temas como la identidad, el amor, la muerte y la locura. Sus cuentos y poemas tienen una atmósfera onírica y misteriosa, y su estilo es altamente simbólico.

Ocampo recibió varios premios literarios durante su carrera, y su obra ha sido traducida a muchos idiomas. Su legado como escritora vanguardista sigue siendo importante en la literatura argentina y latinoamericana.

Questions

1. ¿Quién fue Silvina Ocampo?
2. ¿Cuáles son los temas que explora la obra de Ocampo?
3. ¿Cómo es el estilo literario de Ocampo?

Answers

1. Silvina Ocampo fue una escritora argentina de la vanguardia literaria del siglo XX.
2. La obra de Ocampo explora temas como la identidad, el amor, la muerte y la locura.
3. El estilo literario de Ocampo es simbólico y crea una atmósfera onírica y misteriosa.

Text Twenty Four

Read the following Spanish comprehension text carefully.

Then answer the questions using the information provided in the text.

Try to answer in full sentences and pay attention to your spelling and grammar.

Once you have answered all the questions, check your answers with the suggested answers.

<u>El béisbol: el deporte nacional de varios países</u>

El béisbol es un deporte de equipo muy popular en América Latina y el Caribe, así como en algunos países de Asia y Europa. Es considerado el deporte nacional en países como Estados Unidos, Cuba, República Dominicana, Puerto Rico y Venezuela.

El objetivo del juego es anotar carreras al golpear una pelota con un bate y correr por las cuatro bases del campo. Cada equipo tiene nueve jugadores en el campo y puede anotar puntos tanto bateando como defendiendo.

Questions

1. ¿Qué es el béisbol?
2. ¿En qué países es considerado el deporte nacional?
3. ¿Cuál es el objetivo del juego?

Answers

1. El béisbol es un deporte de equipo muy popular en América Latina y el Caribe, así como en algunos países de Asia y Europa.
2. El béisbol es considerado el deporte nacional en países como Estados Unidos, Cuba, República Dominicana, Puerto Rico y Venezuela.
3. El objetivo del juego es anotar carreras al golpear una pelota con un bate y correr por las cuatro bases del campo.

Text Twenty Five

Read the following Spanish comprehension text carefully.

Then answer the questions using the information provided in the text.

Try to answer in full sentences and pay attention to your spelling and grammar.

Once you have answered all the questions, check your answers with the suggested answers.

<u>Jorge Luis Borges - Un escritor argentino de renombre mundial</u>

Jorge Luis Borges fue un escritor argentino nacido en Buenos Aires en 1899. Es considerado uno de los escritores más influyentes e importantes del siglo XX y su obra ha sido traducida a muchos idiomas.

Borges escribió cuentos, ensayos y poesía, y su obra se caracteriza por su complejidad literaria y filosófica. Sus temas incluyen la identidad, la memoria, el tiempo y la metafísica.

Borges también fue un defensor de la literatura universal y de la idea de que todas las culturas y lenguas tienen algo que aportar a la literatura. Fue director de la Biblioteca Nacional de Argentina y recibió numerosos premios literarios durante su carrera.

Questions

1. ¿Quién fue Jorge Luis Borges?
2. ¿Qué tipo de obra escribió Borges?
3. ¿Cuáles son los temas que explora la obra de Borges?

Answers

1. Jorge Luis Borges fue un escritor argentino de renombre mundial.
2. Borges escribió cuentos, ensayos y poesía.
3. Los temas que explora la obra de Borges incluyen la identidad, la memoria, el tiempo y la metafísica.

Text Twenty Six

Read the following Spanish comprehension text carefully.

Then answer the questions using the information provided in the text.

Try to answer in full sentences and pay attention to your spelling and grammar.

Once you have answered all the questions, check your answers with the suggested answers.

<u>Mi fiesta de cumpleaños</u>

El fin de semana pasado celebré mi fiesta de cumpleaños. Invité a mis amigos más cercanos a mi casa para celebrar juntos. Compré globos y decoraciones de colores para hacer la fiesta más divertida.

Mi mamá preparó una deliciosa tarta de chocolate y compré algunas botanas saladas y bebidas refrescantes. Todos disfrutamos de la comida y bebidas mientras platicábamos y reíamos juntos.

También jugamos algunos juegos como "Verdad o Reto" y "Charadas". Bailamos algunas canciones y sacamos muchas fotos juntos. Al final de la noche, abrí mis regalos y agradecí a mis amigos por venir a celebrar conmigo.

Fue una noche divertida e inolvidable, y estoy muy agradecido por tener amigos maravillosos que me apoyan y me hacen sentir especial.

Questions

1. ¿Cómo celebré mi fiesta de cumpleaños?
2. ¿Qué compré para decorar la fiesta?
3. ¿Qué preparó mi mamá para la fiesta?
4. ¿Qué juegos jugamos durante la fiesta?
5. ¿Qué hice al final de la noche?

Answers

1. Celebré mi fiesta de cumpleaños invitando a mis amigos más cercanos a mi casa.
2. Compré globos y decoraciones de colores para hacer la fiesta más divertida.
3. Mi mamá preparó una deliciosa tarta de chocolate para la fiesta.
4. Jugamos juegos como "Verdad o Reto" y "Charadas".
5. Al final de la noche, abrí mis regalos y agradecí a mis amigos por venir a celebrar conmigo.

Text Twenty Seven

Read the following Spanish comprehension text carefully.

Then answer the questions using the information provided in the text.

Try to answer in full sentences and pay attention to your spelling and grammar.

Once you have answered all the questions, check your answers with the suggested answers.

<u>La historia de Guinea Ecuatorial</u>

Guinea Ecuatorial es un país ubicado en África Central. Antes de la colonización, el territorio que ahora es Guinea Ecuatorial estaba habitado por varias tribus y pueblos. Los europeos llegaron a la región en el siglo XV, con los portugueses siendo los primeros en llegar.

En el siglo XIX, Guinea Ecuatorial se convirtió en una colonia española. Durante la época colonial, el país fue explotado para obtener recursos naturales, y los habitantes sufrieron muchas injusticias y abusos.

En 1968, Guinea Ecuatorial se independizó de España y se convirtió en un estado independiente. Desde entonces, el país ha tenido altibajos políticos y económicos. La producción de petróleo ha ayudado a la economía del país, pero la pobreza sigue siendo un problema importante.

Questions

1. ¿Quiénes fueron los primeros europeos en llegar a Guinea Ecuatorial?
2. ¿Cuándo se convirtió Guinea Ecuatorial en una colonia española?
3. ¿Cuáles son los desafíos económicos que enfrenta Guinea Ecuatorial hoy en día?

Answers

1. Los portugueses fueron los primeros europeos en llegar a la región.
2. Guinea Ecuatorial se convirtió en una colonia española en el siglo XIX.
3. La pobreza sigue siendo un problema importante en Guinea Ecuatorial, a pesar de la producción de petróleo.

Text Twenty Eight

Read the following Spanish comprehension text carefully.

Then answer the questions using the information provided in the text.

Try to answer in full sentences and pay attention to your spelling and grammar.

Once you have answered all the questions, check your answers with the suggested answers.

<u>El clima en Buenos Aires hoy</u>

Hoy, el clima en Buenos Aires está mayormente nublado con una temperatura máxima de alrededor de 18 grados Celsius y una mínima de alrededor de 12 grados Celsius. Hay posibilidades de lluvia durante todo el día, por lo que es recomendable llevar un paraguas o impermeable.

Questions

1. ¿Cómo está el clima hoy en Buenos Aires?
2. ¿Cuál es la temperatura máxima y mínima en Buenos Aires hoy?
3. ¿Hay posibilidades de lluvia hoy en Buenos Aires?
4. ¿Qué se recomienda llevar para protegerse de la lluvia en Buenos Aires?

Answers

1. El clima hoy en Buenos Aires está mayormente nublado con posibilidades de lluvia.
2. La temperatura máxima es de alrededor de 18 grados Celsius y la mínima es de alrededor de 12 grados Celsius.
3. Sí, hay posibilidades de lluvia durante todo el día.
4. Se recomienda llevar un paraguas o impermeable para protegerse de la lluvia.

Text Twenty Nine

Read the following Spanish comprehension text carefully.

Then answer the questions using the information provided in the text.

Try to answer in full sentences and pay attention to your spelling and grammar.

Once you have answered all the questions, check your answers with the suggested answers.

<u>El sufragio femenino en México - La lucha por la igualdad de derechos</u>

El sufragio femenino es el derecho de las mujeres a votar en las elecciones políticas. En México, las mujeres lucharon durante muchos años para conseguir este derecho. La lucha por el sufragio femenino comenzó a principios del siglo XX y finalmente se logró en 1953.

Las mujeres que lucharon por el sufragio femenino en México enfrentaron muchos obstáculos. Fueron ridiculizadas y marginadas por sus esfuerzos. A pesar de esto, continuaron luchando por sus derechos.

Finalmente, en 1953, la ley del sufragio femenino fue aprobada en México. Esto permitió a las mujeres votar en las elecciones políticas y tener una voz en el futuro de su país. El sufragio femenino fue un paso importante hacia la igualdad de derechos para las mujeres en México.

Questions

1. ¿Qué es el sufragio femenino?
2. ¿Cuándo comenzó la lucha por el sufragio femenino en México?
3. ¿Qué obstáculos enfrentaron las mujeres que lucharon por el sufragio femenino en México?
4. ¿Cuándo se logró el sufragio femenino en México?

Answers

1. El sufragio femenino es el derecho de las mujeres a votar en las elecciones políticas.
2. La lucha por el sufragio femenino comenzó a principios del siglo XX en México.
3. Las mujeres que lucharon por el sufragio femenino en México enfrentaron obstáculos como el ridículo y la marginación.
4. El sufragio femenino fue logrado en México en 1953.

Text Thirty

Read the following Spanish comprehension text carefully.

Then answer the questions using the information provided in the text.

Try to answer in full sentences and pay attention to your spelling and grammar.

Once you have answered all the questions, check your answers with the suggested answers.

<u>Una tarde en el cine - Disfrutando de una película en la pantalla grande</u>

Ir al cine es una actividad divertida que muchos disfrutan. Es una oportunidad para ver películas en una pantalla grande y disfrutar de la experiencia cinematográfica completa.

Cuando llegas al cine, primero debes comprar tu boleto. Luego, puedes ir a la sala de cine y encontrar un asiento. Es importante encontrar un buen lugar donde puedas ver la pantalla sin obstrucciones. Después de encontrar tu asiento, puedes disfrutar de los comerciales y los avances de las próximas películas.

Finalmente, la película comienza y te sumerges en la trama. Es importante recordar no hablar durante la película y apagar tu teléfono celular para no molestar a otros espectadores.

Questions

1. ¿Qué puedes hacer cuando llegas al cine?
2. ¿Por qué es importante encontrar un buen lugar en la sala de cine?
3. ¿Qué puedes disfrutar antes de que comience la película?
4. ¿Qué debes recordar durante la película?

Answers

1. Cuando llegas al cine, puedes comprar tu boleto.
2. Es importante encontrar un buen lugar en la sala de cine para poder ver la pantalla sin obstrucciones.
3. Antes de que comience la película, puedes disfrutar de los comerciales y los avances de las próximas películas.
4. Durante la película, debes recordar no hablar y apagar tu teléfono celular para no molestar a otros espectadores.